Jonathan **Swift**

Gullivers **Reisen**

Jonathan Swift

Gullivers Reisen

Neu erzählt von Manfred Mai
Mit Bildern von Petra Dorkenwald

Hase und Igel®

Für Lehrkräfte gibt es zu diesem Buch
ausführliches Begleitmaterial beim Hase und Igel Verlag.

Originalausgabe
© 2013 Hase und Igel Verlag GmbH, Garching b. München
www.hase-und-igel.de
Lektorat: Birgit Fürst
Druck: Himmer AG, Augsburg

ISBN 978-3-86760-168-9
1. Auflage 2013

Inhalt

1. In einem unbekannten Land 7
2. Große Sorgen 15
3. Zwei große Übel 22
4. Flucht 33
5. Im Land der Riesen 40
6. Zwerg der Zwerge 48
7. Ein Haus im Meer 58

1. In einem unbekannten Land

Mein Name ist Lemuel Gulliver, ich stamme aus Nottingham in England. Dort wuchs ich auf dem kleinen Gut meines Vaters mit vier Brüdern auf. Als ich vierzehn Jahre alt war, schickte mich mein Vater auf die Universität Cambridge, wo ich drei Jahre lang fleißig Medizin studierte. Anschließend wurde ich Assistent von Doktor James Bates in London, wo ich weitere vier Jahre viel Nützliches lernte. In Holland setzte ich dann meine Studien an der Universität von Leiden fort.

Schon in jungen Jahren spürte ich eine große Reiselust in mir. So wurde ich auf Empfehlung von Doktor Bates Schiffsarzt und fuhr dreieinhalb Jahre lang zur See.

Nach meiner Rückkehr beschloss ich, mich in London als Arzt niederzulassen und eine Familie zu gründen. Ich heiratete die Kaufmannstochter Mary Burton. Wir bekamen zwei gesunde Kinder und hätten glücklich sein können – hätten! Aber leider kamen zu wenig kranke Leute, die sich von mir behandeln lassen wollten. Und so gingen unsere Ersparnisse langsam zur Neige. Nach langer Beratung mit meiner Frau beschloss ich, wieder Schiffsarzt zu werden. Kapitän William Prichard wollte mit seiner „Antilope" in die Südsee segeln und machte mir ein gutes Angebot. Am 4. Mai 1699 lichteten wir in Bristol die Anker.

In den ersten Monaten verlief unsere Reise ohne Probleme. Doch Ende Oktober gerieten wir in einen heftigen Sturm, der uns tagelang übers Meer trieb. Wir verloren zwölf Mann und wussten nicht mehr, wo wir uns befanden. Am 5. November war es so neblig, dass die Matrosen ein Felsenriff zu spät bemerkten. Die „Antilope" lief auf und zerbrach. Fünf Überlebenden und mir gelang es im letzten Augenblick, ein Rettungsboot flottzumachen. Wir ruderten um unser Leben, doch wir waren zu schwach für das stürmische Meer. Eine gewaltige Welle warf das Boot um. Als ich wieder auftauchte, war von meinen Kameraden keiner mehr zu sehen. Ich versuchte, mich so lange wie möglich über Wasser zu halten. Aber meine Kräfte schwanden und ich hatte keine Hoffnung mehr, meine Frau und meine Kinder noch einmal zu sehen. Doch da fühlte ich plötzlich Boden unter den Füßen! Zu meinem Glück ließ auch der Sturm nach und ich schaffte es mit letzter Kraft an Land. Völlig erschöpft sank ich nieder und schlief sofort ein.

Als ich erwachte, lag ich auf dem Rücken und konnte mich nicht bewegen. Etwas hielt mich von den Haaren bis zu den Füßen fest. Während ich so dalag, spürte ich etwas auf meinem linken Bein. Es fühlte sich an, als würden Käfer darauf herumkrabbeln – und sie kamen hoch bis auf meine Brust! Um zu sehen, was für Käfer es waren, hob ich den Kopf mit einem Ruck, was teuflisch wehtat. Dann traute ich meinen Augen kaum: Auf meiner Brust sah ich keine Käfer, sondern winzige Menschen! Sie waren etwa fünfzehn Zentimeter groß, alle mit Pfeil und Bogen, Lanzen und Speeren bewaffnet. In meiner Not tat ich das Einzige, was ich tun konnte: Ich brüllte so laut, dass die Kerlchen erschrocken durcheinanderpurzelten und fortliefen.

Doch es dauerte nicht lange, bis sie zurückkamen. Einer wagte sich so weit vor, dass er mir ins Gesicht sehen konnte. Er betrachtete es aufmerksam und rief den anderen zu: „Hekinah Degul!"

„Hekinah Degul!", wiederholten diese mehrmals.

Da ich ihre Sprache nicht kannte, wusste ich nicht, was das bedeutete.

Wieder versuchte ich, mich aus der misslichen Lage zu befreien. Schließlich schaffte ich es, meinen linken Arm loszureißen. Ich wollte das Kerlchen vor meiner Nase ergreifen, doch es lief wieselflink davon. Und gleichzeitig hörte ich den Ruf: „Tolgo Phonac!"

Sekunden später prasselten mehr als hundert Pfeile gegen meine linke Hand und piksten wie

Nadelstiche. Ich zerrte erneut an meinen Fesseln, was weitere Pfeilhagel zur Folge hatte. Mit meiner freien Hand konnte ich gerade noch die Augen bedecken.

„Tolgo Phonac! Tolgo Phonac!", wurde wieder gerufen.

Da spürte ich, wie die Kerle mit ihren Lanzen und Speeren in meine Seiten stachen. Zum Glück trug ich eine Weste aus Büffelleder, die sie nicht durchbohren konnten. Dennoch hielt ich es für das Klügste, erst einmal ruhig liegen zu bleiben und für den nächsten Befreiungsversuch die Nacht abzuwarten. Als sie sahen, dass ich mich ruhig verhielt, brachen sie ihre Angriffe ab. Dafür setzte ein Wispern und Brabbeln ein. Und wenig später wurde rechts neben meinem Kopf gepoltert, gesägt und gehämmert. Nach einiger Zeit konnte ich aus dem Augenwinkel erkennen, dass sie ein Gerüst bauten. Als es fertig war, stiegen vier Männer auf die obere Plattform. Einer rief nach unten: „Langro Dehul san!"

Wie ich schnell merkte, war das der Befehl, etliche Stricke zu lösen, sodass ich den Kopf ein wenig nach rechts drehen und den vornehm gekleideten Mann, anscheinend ihr Anführer, besser sehen konnte. Dann hielt er eine lange Rede an mich, von der ich kein Wort verstand. Trotzdem antwortete ich ihm in freundlichem Ton. Weil ich großen Hunger und Durst hatte, zeigte ich auf meinen Mund und bewegte die Lippen, um auf diese Weise anzudeuten, dass ich Nahrung haben wollte.

   Er nickte verstehend und rief etwas nach unten. Es dauerte nicht lange, dann krabbelte es wieder auf meinem Leib. Die Männer brachten Körbe voll Fleisch und Säcke voll Brot. Die

Mutigsten von ihnen schütteten mir alles in den Mund, sodass ich nur zu kauen und zu schlucken brauchte. Gegen den Durst rollten vier kräftige Männer das größte Fass Wein heran, das sie auftreiben konnten. Aber es enthielt nicht mehr als einen guten Schluck. Durch Zeichen bat ich um Nachschub. Sie brachten noch ein zweites Fass, das ich ebenfalls in einem Zug leerte. Mehr gab es erst einmal nicht. Trotzdem bedankte ich mich und schlief nach dem köstlichen Mahl schnell ein. Das war kein Wunder, denn wie ich später erfuhr, hatten die Ärzte ein Schlafmittel in den Wein gemischt, damit ich zur Hauptstadt gebracht werden konnte.

Während ich schlief, bauten die Liliputaner dicht neben mir einen Wagen mit zweiundzwanzig Rädern, der so lang war wie ich. Mit achtzig Flaschenzügen hoben sie mich hinauf. Eintausendfünfhundert Pferde wurden angespannt, um mich zur Hauptstadt zu ziehen, wo ich am nächsten Tag ankam.

Vor den Stadttoren wurde ich zu einem der größten Bauwerke, einem alten Tempel, gebracht. Schmiede hatten eine Kette angefertigt, deren eines Ende im Tempel eingemauert war. Das andere Ende wurde mit sechsunddreißig Schlössern an meinem linken Bein befestigt. Nachdem alle Arbeiten getan waren, wurde ich zur Besichtigung freigegeben.

Ich schlief noch immer. Wie ich später erfuhr, kletterten Tausende an mir hoch und liefen auf mir herum. Sogar der Kaiser hatte von meiner Ankunft gehört. Er stieg mit einigen Adligen auf einen extra errichteten Turm, um mich betrachten zu können.

Als ich erwachte, liefen die Liliputaner schnell davon. Ich stellte fest, dass sie die Stricke entfernt hatten und ich mich bewegen konnte. Langsam erhob ich mich und ging ein paar Schritte, bis die Kette an meinem Bein mich stoppte. Das Staunen der Leute, als ich in voller Größe vor ihnen stand, ist kaum zu beschreiben. Viele rannten laut kreischend durcheinander, andere fielen in Ohnmacht.

Ich wusste immer noch nicht, wo ich war und wie es nun weitergehen sollte. Niedergeschlagen, ja verzweifelt kroch ich in den Tempel, wollte nichts mehr sehen und nichts mehr hören.

2. Große Sorgen

Nach einiger Zeit wollte ich mir die Beine ein
wenig vertreten. Ich muss gestehen, dass ich nie
zuvor eine schönere Landschaft gesehen hatte.
Das ganze Land schien ein gepflegter Garten zu
sein und die Hauptstadt mittendrin sah aus wie
gemalt.

Der Kaiser kam angeritten, stieg vom Pferd
und betrachtete mich von allen Seiten mit großer
Bewunderung. Er befahl seinen
Köchen und Kellermeistern
mich zu bedienen. Auf
dreißig Servierwagen
schoben sie Speisen
und Getränke heran.
Beim Essen und Trinken
schaute mir nicht nur der Kaiser aufmerksam zu,
sondern auch die Kaiserin, die Prinzen und
Prinzessinnen und etliche vornehm gekleidete
Personen.

Seine Majestät sprach mich mehrfach an,
aber ich konnte ihn leider nicht verstehen. Und
er verstand mich nicht, obwohl ich es in allen

Sprachen versuchte, von denen ich wenigstens ein paar Brocken kannte: Deutsch, Spanisch, Holländisch, Lateinisch, Französisch und Italienisch – alles ohne Erfolg.

Nach zwei Stunden entfernte sich die kaiserliche Gesellschaft. Wachsoldaten wurden aufgestellt, um mich vor den Neugierigen zu beschützen, die aus dem ganzen Land herbeiströmten.

Einige wollten mich nicht nur sehen, sondern wohl auch necken. Sie schossen Pfeile auf mich, als ich auf dem Boden vor meiner Behausung saß. Um ein Haar hätte ein Pfeil mein linkes Auge getroffen. Daraufhin ließ der Oberst sechs Übeltäter ergreifen und mir gefesselt übergeben. Ich nahm sie in die Hand, steckte fünf in meine Rocktasche und tat so, als wollte ich den sechsten lebendig verspeisen. Der arme Kerl jammerte und schrie fürchterlich, besonders als er sah, dass ich mein Messer aus der Tasche zog. Doch ich durchschnitt seine Fesseln und stellte ihn vorsichtig auf den Boden. Einen Moment starrte er mich an, dann rannte er davon, so schnell ihn seine Beine trugen. Ich nahm auch die anderen fünf aus meiner Tasche und ließ sie frei. Meine Großherzigkeit beeindruckte die Leute, sprach sich schnell bis zum Kaiser herum und brachte mir sein Wohlwollen ein.

Damit wir uns möglichst bald verständigen konnten, schickte er Lehrer zu mir, die mir Liliputanisch beibringen sollten. Schon nach drei Wochen hatte ich so große Fortschritte gemacht, dass Gespräche möglich waren. Der Kaiser sagte mir, er und seine Minister seien in großer Sorge, weil ich so viel zu essen und trinken brauchte. „Wenn das so weitergeht, wird in meinem Reich eine Hungersnot ausbrechen."

Ich erwiderte, er solle mir die Freiheit schenken, dann würde ich sein Land so schnell wie möglich verlassen und ihnen nicht mehr zur Last fallen.

So eine Entscheidung müsse gut überlegt sein, sagte er. Und sowieso müsse ich ihm und seinem Reich zuerst Frieden für alle Zeit schwören. Er wolle mich auch durchsuchen lassen, um gefährliche Gegenstände und Waffen sicherzustellen. Höflich bat er mich, dafür zwei seiner Beamten in meine Taschen zu heben.

Ich war einverstanden und hob die Männer hoch. Sie notierten alles, was ihnen gefährlich erschien, und übergaben dem Kaiser die Liste. Er ließ sie von einem dritten Beamten laut vorlesen und forderte mich auf, die genannten Gegenstände abzugeben. Vorsorglich ließ er dreitausend Bogenschützen schussbereit antreten.

Als meine Pistole an der Reihe war, wollte er wissen, was das für ein Eisenrohr sei. Ich versuchte ihm zu erklären, wie sie funktionierte. Doch er wollte keine Erklärungen, er wollte es sehen. Also lud ich sie mit Pulver und schoss in die Luft. Die Liliputaner erschraken fürchterlich. Hunderte fielen wie tot zu Boden und selbst der Kaiser, der ein tapferer Mann war, zitterte am ganzen Leib. Er warf mir einen vorwurfsvollen Blick zu und befahl mir, die Pistole samt Pulver neben meinen Säbel zu legen, den ich schon abgegeben hatte. Und die anderen Gegenstände auch. Dann ließ er alles in die kaiserlichen Lagerhallen bringen und ging mit seinem Gefolge davon.

Mein freundliches Verhalten sorgte dafür, dass die Liliputaner immer weniger Angst vor mir hatten. Sie nannten mich nun Menschenberg. Manchmal legte ich mich hin und ließ einige von ihnen auf meiner Hand tanzen. Ein paar besonders mutige Kinder spielten in meinem Haar Verstecken.

Um mir die Zeit zu vertreiben, ließ der Kaiser für mich Spiele vorführen. Dabei zeigten sich die kleinen Menschen im Seiltanz, der auf einem weißen Faden ausgeführt wurde, besonders geschickt. Das war alles gut gemeint und schön anzuschauen, doch lieber wäre mir gewesen, der Kaiser hätte mir die Freiheit geschenkt.

Ich verfasste mehrere Bittschriften und schließlich brachte Seine Majestät die Angelegenheit im Staatsrat zur Sprache. Dort stimmten alle Mitglieder meiner Freilassung zu – bis auf Skyresh Bolgolam, der Großadmiral. Ohne dass ich ihm irgendeinen Anlass dazu gegeben hatte, war dieser Mann mein Todfeind. Er musste sich zwar der Mehrheit beugen, aber weil er ein Vertrauter des Kaisers war, setzte er einige Bedingungen durch, unter denen ich meine Freiheit erhalten sollte.

Der wichtigste Punkt war, dass ich das Land nicht ohne Erlaubnis des Kaisers verlassen durfte. Ich wurde verpflichtet, bei eiligen Botschaften den Postreiter schnell ans Ziel und wieder zurück zu tragen, das Reich durch Abschreiten zu vermessen und eine genaue Landkarte zu erstellen. Außerdem sollte ich Liliput im Krieg gegen Blefuscu unterstützen und die Flotte des Feindes vernichten.

Um diese Aufgaben erfüllen zu können, wurden mir ausreichend Speisen und Getränke zugesagt. Die Menge hatte ein Mathematiker ausgerechnet, indem er meine Maße mit denen eines durchschnittlichen Liliputaners verglich und zu dem Schluss kam, dass eintausendsiebenhundertachtundzwanzig von ihnen in mir Platz hätten. Also sollte ich so viel bekommen, wie eintausendsiebenhundertachtundzwanzig Liliputaner zum Leben brauchten.

Nachdem mir der Vertrag vorgelesen worden war, musste ich ihn unterschreiben und schwören, alle Artikel einzuhalten. Kaum hatte ich das getan, öffnete der Hofschmied eigenhändig die sechsunddreißig Schlösser an meinem linken Bein. Es war ein gutes Gefühl, mich wieder frei bewegen zu können, auch wenn ich das Land noch nicht verlassen durfte.

3. Zwei große Übel

Zuerst schaute ich mir mit Erlaubnis des Kaisers die Hauptstadt Mildendo genauer an. Ich musste allerdings versprechen, mich vorsichtig zu bewegen, um weder Menschen noch Gebäuden Schaden zuzufügen. Die Bewohner wurden durch eine öffentliche Bekanntgabe aufgefordert, in den Häusern zu bleiben.

Mildendo ist von einer Mauer umgeben, die etwa achtzig Zentimeter hoch und fünfundzwanzig Zentimeter breit ist, sodass eine Pferdekutsche bequem darauf fahren kann. Im Abstand von drei Metern stehen mächtige Türme. Ich stieg über das große Westtor

und ging behutsam durch die beiden Haupt-
straßen, die rechtwinklig zueinander verlaufen,
sich in der Mitte kreuzen und die quadratisch
angelegte Stadt in vier gleich große Viertel teilen.
Die Häuser haben drei bis fünf Stockwerke.
Es gibt zahlreiche Läden und Märkte, wo reichlich Waren angeboten werden. Nach meiner
Schätzung leben ungefähr fünfhunderttausend
Liliputaner in Mildendo. Mitten in der Stadt liegt
der kaiserliche Palast, das größte und prächtigste
aller Gebäude.

Während ich mir alles ansah, kam ich mir vor
wie in einer großen Spielzeugstadt. Doch so
klein die Stadt und das Reich auch waren, in
Liliput gab es große Probleme, wie ich von
Reldresal, dem Privatsekretär des Kaisers,
erfuhr.

„So blühend der Zustand des Landes einem
Fremden auch erscheinen mag", begann er, „so
leiden wir doch an zwei großen Übeln: an einer
Spaltung der Menschen im Innern und an der
Gefahr eines Angriffs von außen. Zu Ersterem
müsst Ihr wissen, dass es seit ungefähr siebzig
Monaten zwei Parteien gibt, die sich erbittert

23

bekämpfen: die Tramecksan und die Slamecksan. Die einen tragen Schuhe mit hohen Absätzen, weil sie der Meinung sind, diese entsprächen unserer Verfassung. Nun hat Seine Majestät jedoch beschlossen, dass in Regierung und Verwaltung nur noch Schuhe mit niedrigen Absätzen getragen werden dürfen. Die Feindschaft zwischen beiden Parteien ist inzwischen so groß, dass sie nicht mehr miteinander reden. Zu allem Übel haben wir bemerkt, dass Seine Kaiserliche Hoheit, der Kronprinz, eine Vorliebe für hohe Absätze hat. Das zeigt sich daran, dass einer seiner Absätze höher ist als der andere, weshalb er beim Gehen hinkt. Nun fragen wir uns natürlich besorgt, was er wohl anordnen wird, wenn er seinem Vater auf den Thron folgt. Noch schlimmer als dieser Streit im Innern ist die Bedrohung durch unseren äußeren Feind Blefuscu. Wir liegen seit sechsunddreißig Monaten im Krieg miteinander."

Auf meine Frage, warum, antwortete Reldresal: „Seit Urzeiten werden Eier vor dem Essen am dicken Ende aufgeschlagen. Nun hat sich aber Seine Majestät als Knabe dabei in den Finger geschnitten. Daraufhin wurde ein Gesetz erlassen, das allen Untertanen verbot, Eier am dicken Ende zu öffnen. Das Volk geriet über dieses Gesetz in solche Wut, dass es zu Aufständen kam. Insgesamt elftausend Menschen wollten lieber sterben oder in die Verbannung nach Blefuscu gehen, als die Eier am spitzen Ende zu öffnen. Mit der Zeit haben die Verbannten dort so viel Einfluss am Hofe des Kaisers erlangt, dass es zwischen beiden Reichen zum Bruch und zum Krieg kam. Wir haben inzwischen vierzig große und noch viel mehr kleinere Schiffe sowie dreißigtausend unserer besten Soldaten und Matrosen verloren. Die Verluste des Feindes sind zwar noch größer, aber in jüngster Zeit haben sie gewaltig aufgerüstet, sodass wir mit einem baldigen Angriff rechnen. Seine Kaiserliche Majestät setzt nun großes Vertrauen in Ihre Tapferkeit und Kraft und hat mich deshalb beauftragt, Ihnen das alles mitzuteilen."

Ich bedankte mich für das Vertrauen und bat den Privatsekretär, dem Kaiser zu sagen, dass es mir als Fremdem nicht zustehe, mich in Parteistreitigkeiten einzumischen. Ich sei jedoch bereit, ihn und sein Reich mit all meinen Kräften gegen fremde Angriffe zu verteidigen.

Kurz nach diesem Gespräch berichteten Spione des Kaisers, dass die feindliche Flotte im Hafen von Blefuscu vor Anker liege und nur noch auf günstigen Wind zum Angreifen warte. Nun war Eile geboten! Von den erfahrensten Seeleuten wusste ich, dass die größte Tiefe der Meerenge zwischen den beiden Ländern zwei Meter betrug. An vielen Stellen sei es deutlich flacher.

Ich erläuterte dem Kaiser meinen Plan, wie ich die feindlichen Schiffe erobern wollte, und sagte ihm, was ich dazu benötigte: eine große Menge starker Taue und Eisenstangen. Es dauerte keine Stunde, da lag alles vor mir. Die Taue waren so dünn wie bei uns die Bindfäden und die Stangen glichen Stricknadeln. Schnell drehte ich jeweils drei Taue zusammen, damit sie nicht so leicht reißen würden. Ebenso machte ich es mit den

Eisenstäben und bog die Enden noch zu einem Haken um.

Nachdem ich fünfzig solcher Haken an ebenso vielen Tauen befestigt hatte, machte ich mich auf den Weg zur Küste. Dort zog ich Rock, Schuhe und Strümpfe aus und watete ins Wasser. Zweimal musste ich ein Stück schwimmen, bis ich wieder Boden unter den Füßen fühlte. In weniger als einer halben Stunde erreichte ich die Schiffe. Als die Seeleute mich erblickten, sprangen sie schreiend ins Wasser und schwammen so schnell sie konnten davon. Ich kümmerte mich nicht um sie, sondern befestigte die Haken an den fünfzig Schiffen und zog sie ohne Mühe nach Liliput. Der Kaiser und sein ganzer Hofstaat warteten schon gespannt auf mich. Als sie

sahen, dass ich die gesamte feindliche Kriegs-
flotte im Schlepptau hatte, kannte der Jubel
keine Grenzen.

Seine Majestät lobte mich sehr und ernannte
mich auf der Stelle zum Nardak. Das ist der
höchste Titel, den jemand in Liliput erhalten
kann.

Weil alles so gut verlaufen war, wünschte sich
der Kaiser, ich solle noch einmal losgehen und
auch die restlichen Schiffe des Feindes holen.
Ja, mehr noch: Er wollte Blefuscu mit meiner
Hilfe erobern und auch über das Nachbarreich
herrschen. Dann würde er sofort ein Gesetz
erlassen, dass die Leute dort ihre Eier nur noch
an den spitzen Enden öffnen durften.

Mich ärgerte, dass er sich nun
zeigte wie alle Herrscher:
Er wollte immer noch
mehr Macht. Trotzdem
blieb ich ruhig und ver-
suchte, ihm diese Pläne
auszureden. Ich sprach
von Gerechtigkeit und davon,
dass es nicht klug sei, die augen-

blickliche Schwäche eines Volkes auszunutzen, um es zu versklaven. So eine Politik würde nur zu neuem Hass führen und das könne doch niemand wollen. Weil meine Worte auf taube Ohren stießen, wurde ich deutlicher und erklärte, ich würde niemals mithelfen, ein freies und tapferes Volk zu unterdrücken.

Diese offenen Worte nahm mir der Kaiser übel. Wie ich später erfuhr, schimpfte er im Staatsrat über mich und brachte die meisten Minister auf hinterhältige Weise gegen mich auf, sodass die Stimmung feindseliger wurde.

Etwa drei Wochen nach diesen Ereignissen kam eine Delegation aus Blefuscu und bat um Frieden. Nach langen Verhandlungen, bei denen Liliput viele Vorteile für sich erreichte, wurde ein Friedensvertrag unterzeichnet.

Nebenbei erfuhren die Gesandten, dass ich mich beim Kaiser für sie eingesetzt und mich geweigert hatte, an weiteren kriegerischen Aktionen gegen Blefuscu teilzunehmen. Daraufhin besuchten sie mich, bedankten sich bei mir und luden mich ein, ihr Land zu besuchen.

Bei nächster Gelegenheit bat ich den Kaiser um die Erlaubnis, nach Blefuscu reisen zu dürfen. Er erlaubte es mir, allerdings war er dabei so kühl und grimmig, dass ich mich wunderte. Kurz darauf erfuhr ich den Grund dafür: Bei Hofe sah man mein Gespräch mit den Gesandten aus Blefuscu als Beweis dafür, dass ich ein Verräter war.

Wenig später konnte ich zeigen, dass dies Unsinn war. Ich erwies Seiner Majestät einen – jedenfalls meiner Meinung nach – großen Dienst. Mitten in der Nacht wurde ich durch lautes Geschrei geweckt und schaute zum Tempel hinaus. Da kamen schon ein paar Männer angelaufen und riefen mir zu, im Palast sei Feuer ausgebrochen, ich solle schnell kommen. Sofort machte ich mich auf den Weg. Zum Glück schien der Mond so hell, dass ich niemanden zertrat.

An den Palastmauern lehnten schon Leitern und die Löscheimer gingen von Hand zu Hand. Das Wasser reichte jedoch längst nicht aus, um das Feuer zu löschen. Der prächtige Palast wäre niedergebrannt, wenn ich nicht plötzlich eine Idee gehabt hätte: Schnell öffnete ich meinen

Hosenschlitz, ließ den Wasserstrahl auf die Flammen spritzen, löschte auf diese ungewöhnliche Weise den Brand und bewahrte so den Palast, an dem Generationen gebaut hatten, vor der völligen Zerstörung.

Als ich wieder zu Hause war, fragte ich mich, wie der Kaiser und seine Familie meine Löschaktion wohl fanden. Ich wusste nämlich, dass es in Liliput ein Gesetz gab, nach dem auf wildes Pinkeln im Palast die Todesstrafe stand. Aber hätte ich den schönen Palast lieber abbrennen lassen sollen?

Am nächsten Tag erfuhr ich, dass die Kaiserin meine Tat und mich abscheulich fand. Sie wolle die betroffenen Gebäudeteile nie wieder betreten und habe geschworen, sich zu rächen.

4. Flucht

Kurz bevor ich nach Blefuscu gehen wollte,
bekam ich spät abends noch Besuch von einem
Hofbeamten, dem ich einmal einen Gefallen
getan hatte. Er tat sehr geheimnisvoll und bat
mich, dafür zu sorgen, dass
ihn niemand hören könne.
Es gehe nicht nur um
meine Ehre, sondern
um mein Leben. „Sie
wissen ja, dass Skyresh
Bolgolam schon lange
Ihr Todfeind ist. Und weil
Sie die feindliche Flotte
allein besiegt haben,
hat sein Ansehen sehr
gelitten. In mehreren geheimen Sitzungen des
Staatsrats hat er zahlreiche Anschuldigungen
gegen Sie vorgebracht. Mit List und Tücke hat er
es geschafft, einige wichtige Mitglieder auf seine
Seite zu bringen. Nun liegt eine Anklageschrift
wegen Hochverrats und anderer schlimmer Ver-
brechen gegen Sie vor."

Die Anklage umfasste vier Punkte, die kurz gefasst wie folgt lauteten:

1. Der Menschenberg hat in den kaiserlichen Palast gepinkelt.
2. Der Menschenberg hat sich dem Befehl Seiner Majestät widersetzt, bei der Unterwerfung Blefuscus mitzuhelfen.
3. Der Menschenberg hat den Gesandten von Blefuscu Geheimnisse über unser Land verraten.
4. Der Menschenberg will nach Blefuscu überlaufen, um dem dortigen Kaiser zu dienen.

„Das ist ja unglaublich!", sagte ich. „Meine guten Absichten werden ins Gegenteil verkehrt!"

„Ich möchte nicht verschweigen, dass Seine Majestät während der Verhandlungen mehrfach auf Ihre Verdienste hingewiesen hat, um die Strafe zu mildern", sagte der Hofbeamte. „Aber Skyresh Bolgolam und seine Mitstreiter bestanden auf einem qualvollen Tod. Mit viel Mühe gelang es dem Kaiser und seinem Privatsekretär Reldresal, die Strafe dahin abzumildern, Ihnen nur beide Augen ausstechen zu lassen ..."

„Was!?"

„Doch diesem Vorschlag wurde heftig widersprochen. Um ein sofortiges Todesurteil zu verhindern, schlug Reldresal vor, man könne Ihre Nahrungsmittelration jeden Tag etwas kürzen, dann würden Sie mit der Zeit schwächer werden und schließlich an Unterernährung sterben. Damit waren alle einverstanden."

Ich konnte kaum glauben, was ich da hörte.

„Sie müssen nun selbst entscheiden, was Sie tun wollen", sagte der Hofbeamte. „Ich muss mich jetzt unbemerkt entfernen, sonst könnte es auch meinen Kopf kosten."

Ich dankte ihm von ganzem Herzen. Als ich allein war, dachte ich über alles nach. Weil ich so enttäuscht und auch wütend war, wollte ich ganz Liliput zerstampfen. Aber mir wurde schnell klar, wie ungerecht das wäre. Die Leute konnten ja nichts für das hinterhältige Verhalten von Skyresh Bolgolam. Also entschloss ich mich, nach Blefuscu zu fliehen.

Gleich am nächsten Morgen suchte ich mir das größte Kriegsschiff aus, legte meine Sachen darauf, lichtete die Anker, band ein Tau am Bug

fest und zog es halb watend, halb schwimmend hinter mir her. Im Hafen von Blefuscu wurde ich freudig begrüßt und sogleich in die Hauptstadt geführt, wo mich der Kaiser mit seinem Gefolge feierlich empfing. Ich wurde bedient wie ein Fürst, nur gab es im ganzen Reich leider kein Gebäude, das groß genug für mich war. So musste ich mich zum Schlafen auf den nackten Erdboden legen und in Decken hüllen. Das war sehr unbequem.

Nach einer unruhigen Nacht ging ich schon am frühen Morgen an der Küste entlang. Plötzlich sah ich etwas auf dem Wasser treiben, etwas, das größer war als alles, was ich seit Monaten gesehen hatte. Ich zog Schuhe, Strümpfe und Rock aus und watete ins Wasser. Bald konnte ich erkennen, dass es ein Boot war – keines für die kleinen Menschen hier, sondern ein richtiges Boot! Das war meine Rettung!

Der Kaiser von Blefuscu stellte mir so viel Menschen und Material zur Verfügung, dass ich das Boot mit Masten, Segeln und Rudern ausstatten konnte. Als es seetüchtig war, belud ich das Boot mit reichlich Proviant. Außerdem nahm ich sechs Kühe, zwei Stiere, und je zwei Schafe und Böcke mit, um die winzigen Tiere zu Hause zu züchten. Am liebsten hätte ich auch einige Eingeborene mitgenommen, aber das lehnte der Kaiser ab.

Am 24. September 1701 verabschiedete ich mich und stach in See. Nach drei Tagen entdeckte ich ein Schiff und mein Herz machte einen Sprung. Ich ruderte mit aller Kraft, um näher heranzukommen. Es dauerte nicht lange, bis eine Kanone abgefeuert wurde. Das war meine Begrüßung! Die Freude, die ich in diesem Augenblick empfand, ist unbeschreiblich. Denn nun konnte ich hoffen, meine Familie wiederzusehen.

An Bord erfuhr ich, dass es sich um ein englisches Schiff handelte, das sich auf der Heimreise befand. Unter Landsleuten zu sein, freute mich natürlich besonders. Der Kapitän wollte wissen, wieso ich mit so einem kleinen Boot auf hoher See herumschippere. Ich erzählte ihm vom Untergang der „Antilope" und von meinen Erlebnissen in Liliput und Blefuscu. Er glaubte mir kein Wort und hielt mich für einen Aufschneider oder für verrückt. Da holte ich die kleinen Tiere aus meiner Rocktasche und stellte

sie vor ihm auf den Tisch. Er starrte sie fassungs-
los an, aber nun musste er mir glauben.

Die Reise verlief ohne nennenswerte Zwischenfälle und am 13. April 1702 erreichten wir England. Obwohl ich mich sehr freute, wieder bei
meiner Frau und den Kindern zu sein, hielt ich es
zu Hause nicht lange aus. Zwei Monate zeigte
ich auf Jahrmärkten die kleinen Tiere und verdiente damit viel Geld. Doch dann zog mein
unstillbares Verlangen nach fremden Ländern
mich wieder fort. Mit Tränen in den Augen verabschiedete ich mich von meinen Lieben und
ging an Bord der „Abenteuer", um eine neue
Reise anzutreten.

5. Im Land der Riesen

Am 20. Juni 1702 stach die „Abenteuer" unter dem Kommando von Kapitän John Nicholas und mit mir als Schiffsarzt in See. Unser Ziel war die indische Hafenstadt Surat. Der Wind war günstig und wir erreichten ohne Zwischenfälle das Kap der Guten Hoffnung, wo wir nur landeten, um frisches Wasser mitzunehmen. Bei der Untersuchung des Schiffes entdeckten die Zimmerleute allerdings ein Leck. Die Reparatur war schwierig und dauerte lange. Zu allem Übel erkrankte der Kapitän an einem gefährlichen Fieber, sodass wir bis zum Frühjahr festlagen. Erst Ende März konnten wir unsere Reise fortsetzen. Nachdem wir die Straße von Madagaskar passiert hatten, gerieten wir in einen so heftigen

Sturm, wie noch keiner von uns einen erlebt hatte. Zwanzig Tage lang wurde unser Schiff wie eine Nussschale übers Meer getrieben. Als das Unwetter endlich nachließ, wusste selbst der erfahrene Kapitän Nicholas nicht mehr, in welchem Teil der Welt wir uns befanden. Zwar hatte unser Schiff keine größeren Schäden erlitten, alle Mann waren noch an Bord und wir hatten genügend Proviant, aber das Trinkwasser wurde langsam knapp. Deswegen waren wir sehr erleichtert, als ein Schiffsjunge am Morgen des 16. Juni 1703 vom Mastkorb herunterrief: „Land in Sicht!"

Wir segelten darauf zu, warfen in einiger Entfernung die Anker und ließen das größte Ruderboot zu Wasser. Der Kapitän bestimmte einige Männer, die mit leeren Fässern und Kanistern an Land gehen sollten. Ich bat um die Erlaubnis, mitkommen zu dürfen, weil ich hoffte, etwas Interessantes zu entdecken.

Wir schauten uns in Ufernähe um, fanden aber weder einen Fluss noch eine Quelle. Deshalb marschierten die Männer westwärts am Ufer entlang. Ich ging in die andere Richtung, fand aber nur felsiges und unfruchtbares Land. Enttäuscht kehrte ich um und hoffte, dass die Männer erfolgreicher gewesen waren. Ich hatte unsere Anlegestelle noch nicht erreicht, da stockte mir der Atem: Die Männer saßen bereits im Boot und ruderten so schnell, als sei der Teufel persönlich hinter ihnen her. Die konnten doch nicht einfach ohne mich losfahren! Ich wollte gerade rufen, da krachte es hinter mir so gewaltig, dass ich mir schnell die Ohren zuhalten musste. Sekunden später lief ein Riese über mich hinweg und hätte mich beinahe zertreten! Er stapfte ins Meer, doch unsere Männer hatten so viel Vorsprung, dass sie sich retten konnten.

Ich rannte schnell zurück und stieg auf einen felsigen Hügel, von wo aus ich übers Land schauen konnte. Vor mir lagen Getreidefelder und Wiesen. Als ich wieder unten war, konnte ich über die Länge der Halme nur staunen: Sie waren so hoch wie Bäume! Ich ging lange durch ein Feld, wobei ich nichts sehen konnte. Doch plötzlich hörte ich etwas – es klang, als würde Getreide gemäht. Und das Geräusch kam schnell näher! Ich lief zwischen den Baumhalmen davon, bis ich von umgeknickten Halmen gestoppt wurde. Mit letzter Kraft versuchte ich darüberzuklettern, aber ich schaffte es nicht.

  Völlig erschöpft und verzweifelt ließ ich mich zu Boden fallen, denn ein Riese, der mit einer Sense die Halme abmähte, kam immer näher. In meiner Angst schrie ich irgendetwas nach oben. Der  riesige Kerl stoppte seine Bewegung und schaute sich um. Da brüllte ich, so laut ich konnte. Er senkte den Blick, entdeckte mich und bückte sich. Staunend beobachtete er mich eine Weile und schien zu überlegen, was ich für ein Wesen sei, ob ich wohl beiße oder kratze. Schließlich fasste der Arbeiter mich mit Daumen und Zeigefinger und hob mich vor seine Augen, um mich genauer zu betrachten.

Ich rief ihm etwas zu, worauf er ungläubig den Kopf schüttelte, mich in seine Hand schloss und loslief, sodass ich gewaltig geschüttelt wurde. Zum Glück dauerte es nicht lange und die Hand öffnete sich wieder. Er gab mich seinem Herrn, der mich ebenso erstaunt ansah.

Behutsam stellte der Bauer mich auf den Feldboden und setzte sich zu mir. Ich nahm meinen Hut ab und verbeugte mich. Dann sprach ich laut und deutlich in allen Sprachen, die ich beherrschte. Aber der Riese glotzte mich verständnislos an, öffnete nun seinerseits den Mund und sagte etwas, wobei mir seine Worte in den Ohren dröhnten. Obwohl wir einander nicht verstanden, hielt er mich nicht für irgendeinen Käfer, sondern für ein intelligentes Wesen. Er schickte den Arbeiter wieder weg, nahm sein Taschentuch, setzte mich darauf, verknotete es über mir und trug mich nach Hause. Dort zeigte er mich stolz seiner Frau. Die aber kreischte, als hätte sie eine Spinne gesehen. Erst als sie mich aus sicherer Entfernung beobachtete und sah, dass ich kein Tier, sondern ein kleiner Mensch war, verlor sie ihre Scheu.

Es war gerade Mittagszeit, eine Magd trug das Essen auf. Die Schüssel hatte einen Durchmesser von etwa acht Metern. Der Bauer, seine Frau, ihre drei Kinder und die alte Großmutter setzten sich um den Tisch. Die Bäuerin zerschnitt ein Stück Fleisch, zerkrümelte etwas Brot und stellte beides vor mich hin. Ich verbeugte mich, holte Messer und Gabel aus der Tasche und begann mit großem Appetit zu essen, wobei mir alle belustigt zuschauten. Im kleinsten Glas, das die Magd gefunden hatte, bekam ich etwas zu trinken. Es waren mindestens acht Liter. Ich hob das Glas, das so groß wie ein Eimer war, mit beiden Händen und trank ein paar Schlucke auf das Wohl der Bäuerin. Das gefiel allen so gut, dass sie herzlich lachten, wovon mir beinahe das Trommelfell geplatzt wäre.

Der jüngste Sohn griff nach meinen Beinen und hob mich hoch, sodass ich kopfüber in der Luft baumelte. Mir wurde schwarz vor Augen und ich zitterte am ganzen Körper. Sein Vater riss mich ihm aus der Hand und gab ihm eine Ohrfeige, die bei uns in England eine ganze Kompanie Soldaten weggefegt hätte.

Ich stand noch auf wackeligen Beinen, da hörte ich hinter mir ein Brummen und Brausen, als stünde ich mitten in einem Orkan. Ich schaute mich um und sah auf dem Schoß der Bäuerin eine Katze sitzen, die dreimal so groß war wie ein Ochse. Sofort wich ich zurück bis zum Teller des Bauern, wo ich mich am sichersten fühlte.

Nach dem Essen trug die Bäuerin mich ins Schlafzimmer, legte mich aufs Bett und deckte mich mit einem Taschentuch zu, das größer war als das Hauptsegel eines Kriegsschiffes.

Ich schlief ein und träumte von meiner Frau und meinen Kindern. Plötzlich spürte ich etwas Kaltes und Feuchtes im Gesicht, schlug die Augen auf und sah einen riesigen Rachen über mir. Entsetzt sprang ich auf und zog meinen Degen, um mich zu verteidigen. Zwei Ratten, so groß wie ausgewachsene Doggen, huschten übers Bett und griffen mich nun von zwei Seiten an. Mit einem gezielten Hieb schlitzte ich der größeren den Bauch auf. Daraufhin sprang die kleinere vom Bett und verschwand in einem Loch.

   In diesem Augenblick kam die Bäuerin herein, sah die tote Ratte und das blutverschmierte Laken und nahm mich schnell in die Hand. Ich gab ihr durch Zeichen zu verstehen, dass mir nichts passiert war. Da atmete sie erleichtert auf und trug mich hinaus.

6. Zwerg der Zwerge

Die neunjährige Tochter der Bauersleute mochte mich vom ersten Tag an. Für sie war ich wie eine lebendige Puppe. Sie bereitete in ihrer Puppenwiege ein bequemes Nachtlager für mich. Und

sie brachte mir auch ihre Sprache bei. Wenn ich auf einen Gegenstand zeigte, nannte sie mir den Namen. So dauerte es nicht lange, bis wir uns verständigen konnten. Mir gab sie den Namen „Grildrig", was man mit „Männlein" oder „Zwergmensch" übersetzen könnte. Ich nannte sie „Glumdalclitch", was „Schutzengel" bedeutet. Sie bemutterte mich und sorgte dafür, dass ich mich im Land der Riesen, in Brobdingnag, wohlfühlte.

Es hatte sich schnell herumgesprochen, was für ein sonderbares Geschöpf der Bauer auf dem Feld gefunden hatte. Viele Leute kamen, um das daumengroße Wesen zu sehen, das wie ein richtiger Mensch aussah, sich auch so benahm und sprechen konnte.

Einmal kam ein guter Freund des Bauern und sagte zu ihm, mit mir könne er viel Geld verdienen.

„Wie das?", fragte der Bauer.

„Du musst ihn auf dem Jahrmarkt in der Stadt zeigen!"

Der Bauer befolgte den Rat seines Freundes. Er steckte mich in eine kleine Schachtel, die Glumdalclitch zum Glück ausgepolstert hatte, und ritt gleich am nächsten Tag in die Stadt. Mein Schutzengel saß hinter seinem Vater auf dem Pferd und hielt die Schachtel in den Händen. Trotzdem wurde ich heftig durchgeschüttelt.

In einem Wirtshaus verhandelte der Bauer mit dem Wirt. Als sie sich einig waren, schickten sie einen Ausrufer durch die Stadt. Der machte bekannt, dass im „Grünen Adler" ein einzigartiges, nur daumengroßes Geschöpf zu sehen sei, das menschenähnliche Züge habe, sprechen und Kunststücke zeigen könne.

Es dauerte nicht lange, bis die ersten Neugierigen kamen, um den Zwergmenschen zu sehen. Ich wurde im Saal des Wirtshauses auf einen großen Tisch gestellt. Glumdalclitch passte auf, dass mich niemand anfasste. Sie sagte mir auch, was ich tun sollte. Zuerst verbeugte ich mich und begrüßte die Leute. Dann marschierte ich wie ein Soldat und machte Fechtübungen mit meinem Degen. Danach stellte sie mir ein paar Fragen, die ich beantwortete. Zum Schluss reichte sie mir einen Fingerhut. Der war mit Wein gefüllt, den ich auf das Wohl der Anwesenden trank. Dann verbeugte ich mich noch einmal und die Vorstellung war zu Ende. Das wiederholten wir an diesem Tag zwölfmal, bis ich vor Müdigkeit und Abscheu halb tot war.

Als der Bauer merkte, dass er mit mir tatsächlich viel Geld verdienen konnte, beschloss er, mich in allen Städten und in der Hauptstadt des Königreiches zu zeigen. Er nahm Abschied von seiner Frau, die sich in seiner Abwesenheit um den Hof kümmern sollte. Am 17. August 1703, ungefähr zwei Monate nach meiner Ankunft, begann die Reise. Nach unzähligen Vorstellungen in kleinen und größeren Städten erreichten wir am 26. Oktober die Hauptstadt Lorbrulgrud, was „Stolz des Weltalls" bedeutet. In der Nähe des königlichen Palastes mietete der Bauer eine

Wohnung und einen Saal. Dann ließ er Plakate anschlagen, auf denen ich als „Zwerg der Zwerge" angepriesen und ausführlich beschrieben wurde.

Auch hier strömten die Menschen in Scharen und wir mussten jeden Tag mindestens zehn Vorstellungen geben. Mir setzten die Anstrengungen so zu, dass meine Gesundheit darunter litt. Doch das war dem Bauern anscheinend egal. Je mehr Geld er durch mich verdiente, desto größer wurde seine Habgier. Ich war schon ziemlich abgemagert, da kam eines Tages ein königlicher Bote und befahl dem Bauern, mich sofort in den Palast zu bringen. Die Königin wünsche mich zu sehen.

Wir folgten dem Boten in den Palast, wo ich vor der Königin eine Vorstellung gab. Sie war so entzückt, dass sie mich fragte, ob ich nicht am königlichen Hof leben wolle.

„Liebend gern, Eure Majestät", antwortete ich. „Aber ich gehöre meinem Herrn, er muss das entscheiden."

Der Bauer verlangte tausend Goldstücke für mich, die er sofort bekam. Ich bat die Königin, auch Glumdalclitch an den Hof zu nehmen, weil sie meine Beschützerin und Lehrerin sei. Ihre Majestät war einverstanden und fragte den Bauern, ob er seine Tochter am Hof lassen wolle. Er nickte heftig, denn er war froh, sie so gut versorgt zu wissen. Und auch Glumdalclitch freute sich sehr, dass sie bei mir bleiben durfte.

Die Königin nahm mich auf ihre Hand und trug mich zum König. Er schaute mich kurz an und fragte seine Gemahlin mit leicht vorwurfsvollem Ton, seit wann sie sich mit Spielzeug vergnüge.

Sie lächelte, stellte mich auf den Schreibtisch und flüsterte mir zu, ich solle dem König etwas über mich und meine Herkunft erzählen. Das tat ich, doch Seine Majestät hielt mich für eine Art Automaten, der von einem Künstler geschaffen worden sei.

Um ihn zu überzeugen, dass ich kein Automat, sondern ein Mensch aus Fleisch und Blut war, bat ich ihn, mir Fragen zu stellen. Das tat er und ich beantwortete alle so gut, dass er vor Staunen immer wieder den Kopf schüttelte. Weil er sich das alles nicht erklären konnte, ließ er drei Gelehrte kommen. Diese untersuchten mich und kamen schließlich zu dem Ergebnis, dass es ein Wesen wie mich eigentlich gar nicht geben könne, weil ich allein nicht überlebensfähig sei. Ich müsse ein „Scherz der Natur" sein.

Ein Scherz der Natur! Ich wandte mich an den König und erklärte ihm, dass ich aus einem Land käme, in dem viele Millionen Menschen lebten, die nicht größer seien als ich. Sie stünden mit

Tieren, Häusern, Bäumen und allem anderen im richtigen Größenverhältnis, sodass alles stimme.

Die drei Gelehrten lachten nur über meine Worte. Der König aber, der ein kluger Mann war, schaute mich nachdenklich an. Er schien mir zu glauben und gab den Befehl, mich sorgsam zu behandeln. Der Hoftischler bekam den Auftrag, ein Kästchen anzufertigen, das mir als Schlafzimmer dienen sollte. Mit seinen geschickten Fingern fertigte er auch ein Bett, einen Schrank, einen Tisch und zwei Stühle. Und natürlich wurde ich auch neu eingekleidet. Die Königin selbst suchte dafür die allerfeinsten Seidenstoffe aus. Glumdalclitch erhielt ein Zimmer, in das mein Häuschen gestellt wurde. Denn sie sollte weiter meine Lehrerin sein und für mich sorgen.

Die Königin fand so viel Gefallen an mir, dass ich ihr bei jeder Mahlzeit Gesellschaft leisten musste. Ich saß an einem Tisch neben ihrem riesigen Teller und speiste mit ihr, wobei Glumdalclitch mich bediente.

Mittwochs speiste der König mit seiner Gemahlin, denn der Mittwoch ist in Brobdingnag ein Feiertag wie bei uns der Sonntag. Mein kleiner Tisch wurde neben den Teller des Königs gestellt und Seine Majestät erkundigte sich nach den Sitten und Gebräuchen, der Religion, den Gesetzen, der Regierung und der Wissenschaft in meiner Heimat. Ich erzählte ihm alles, was er wissen wollte. Manchmal schien er kaum zu glauben, dass so winzige Wesen zu solchen Leistungen fähig sein konnten. Dann sagte ich ihm, diese seien nicht von der Körpergröße abhängig. In Liliput und Blefuscu seien die Menschen im Vergleich zu mir Winzlinge und trotzdem gebe es dort alles wie in Brobdingnag und in England, nur eben sehr viel kleiner.

Mit dem Leben am Hof war ich sehr zufrieden. Nur einer bereitete mir Kummer: der Lieblingszwerg der Königin. Vor meinem Erscheinen galt er als das kleinste Geschöpf im ganzen Königreich, nun war er das natürlich nicht mehr. Er war eifersüchtig, weil er bemerkte, dass die Königin sich mehr mit mir beschäftigte. Deswegen sprach er verächtlich über mich und spielte mir üble Streiche. Einmal warf er mich in ein Sahnekännchen und wenn mein Schutzengel mich nicht im letzten Augenblick herausgefischt hätte, wäre ich ertrunken. Nach dieser Untat wurde der hinterhältige Kerl von der Königin entlassen und ich hatte wieder ein ruhigeres Leben.

7. Ein Haus im Meer

Obwohl es mir in Brobdingnag an nichts fehlte, gab ich nie die Hoffnung auf, eines Tages wieder nach Hause zu fahren und meine Lieben in die Arme zu schließen. Denn genau betrachtet war mein Leben hier menschenunwürdig. Ich war zwar der Liebling des Königspaares, aber doch nicht wegen meiner Persönlichkeit, sondern hauptsächlich wegen meiner Winzigkeit. Deswegen überlegte ich fieberhaft, wie ich aus dem Land der Riesen wegkommen könnte.

Im dritten Jahr meines Aufenthaltes unternahm das Königspaar eine Reise an die Südküste des Reiches. Und natürlich wollten sie mich dabeihaben. Glumdalclitch trug wie üblich meine Reisekiste, in der ich es mir bequem machte. Als wir das Ziel erreicht hatten, bat ich darum, das Meer sehen zu dürfen. Weil Glumdalclitch erschöpft und etwas kränklich war, trug ein Diener mich in meiner Kiste zum Strand. Dort öffnete ich eines der Schiebefenster und schaute sehnsüchtig aufs Meer hinaus. Nach einer Weile legte ich mich in meine Hängematte, lauschte den Wellen und schlief ein.

Durch einen heftigen Ruck wurde ich geweckt. Im ersten Augenblick dachte ich, der Diener habe meine Kiste unsanft hochgehoben. Ich schrie, er solle vorsichtiger sein, doch die Kiste schaukelte immer stärker. Ich schaute aus dem Fenster, sah nichts als Wolken und Himmel und hörte über mir ein Geräusch wie Flügelschlagen. Da wurde mir klar, was geschehen war: Ein großer Vogel hatte meine Kiste gepackt und flog nun immer höher. Fast gleichzeitig hörte ich das Gekreische von anderen Vögeln und meine Kiste schaukelte

heftig. Ich klammerte mich an den Pfosten, an dem meine Hängematte hing. Draußen kämpften die Vögel um die seltsame Beute und plötzlich sauste meine Kiste senkrecht in die Tiefe. Bevor ich einen klaren Gedanken fassen konnte, schlug sie mit einer solchen Wucht auf, dass ich mich nicht mehr festhalten konnte, durch die Kiste purzelte und mir etliche blaue Flecken holte. Es wurde stockfinster und ein Brausen dröhnte mir in den Ohren, als ob die Niagarafälle über mir herabstürzen würden. Ich dachte schon, mein letztes Stündlein habe geschlagen, da spürte ich, wie meine Kiste langsam nach oben stieg. Durch ein Fenster sah ich, dass ich auf dem Meer trieb. Zum Glück war die Kiste dicht, sodass kein Wasser eindringen konnte. Ich war also fürs Erste gerettet.

Wie lange ich in meiner Kiste dahintrieb, weiß ich nicht. Mir kam es jedenfalls wie eine Ewigkeit vor. Und mit jeder Stunde wurde meine Lage hoffnungsloser. Wenn ich nicht ertrinken oder erfrieren würde, müsste ich verhungern und verdursten, weil ich kein Stück Brot und keinen Schluck Wasser dabeihatte.

Schon halb benommen hörte ich ein kratzendes Geräusch. Ich schrie aus Leibeskräften um Hilfe, erhielt jedoch keine Antwort. Stattdessen hatte ich den Eindruck, meine Kiste werde durchs Wasser gezogen. Ich versuchte, mich irgendwie bemerkbar zu machen, hatte aber keinen Erfolg.

Nach einer Weile spürte ich, dass die Kiste nach oben gezerrt wurde und gegen etwas Hartes schlug. Dabei holte ich mir noch ein paar blaue Flecken. Dann wurde sie abgesetzt, ich hörte Schritte – und Stimmen! Meine Freude war unbeschreiblich.

„Wenn jemand da drin ist, soll er sich jetzt melden!", rief ein Mann.

„Natürlich ist jemand hier drin!", antwortete ich. „Ein Engländer!"

Ich wurde aus meiner Kiste befreit, bestaunt und mit Fragen bestürmt. Aber ich war viel zu erschöpft, um sie zu beantworten. Der Kapitän führte mich in seine Kajüte und bot mir sein Bett an, weil er gemerkt hatte, dass ich erst einmal Ruhe brauchte. Bevor ich einschlief, bat ich ihn noch, die Kiste in seine Kajüte bringen zu lassen.

Ich wolle sie öffnen und ihm ein paar Sachen zeigen. Er schaute mich an, als zweifle er an meinem Verstand.

Als ich erwachte, ließ der Kapitän das Essen auftragen und bat mich zu erzählen, wie ich in das eigenartige Haus und das Haus aufs Meer gekommen sei.

Meine Reisekiste ein Haus? Natürlich! Für den Kapitän, der ja kein Riese war, war die Kiste auch so groß wie ein Haus.

„Nun?", sagte er und wartete auf meine Antwort.

Also erzählte ich dem Kapitän vom Land der Riesen und was ich dort erlebt hatte. Irgendwann unterbrach er mich ziemlich unwirsch: „Sie sind entweder ein elender Lügner oder verrückt. Sagen Sie endlich die Wahrheit oder schweigen Sie einfach!"

„Haben Ihre Männer meine Reiseki... – äh, haben sie etwas aus dem Haus an Bord geholt?", fragte ich.

„Ja", brummte er.

„Auch einen Schrank?"

„Ja!"

Ich bat ihn, mich zu dem Schrank zu führen.
Er grummelte etwas vor sich hin, erhob sich und
ging voraus. Ich holte einen Schlüssel aus der
Hosentasche und öffnete den Schrank. Als
Erstes nahm ich den Kamm heraus, den ich aus
Bartstoppeln des Königs angefertigt
hatte, dann ein paar Steck- und
Nähnadeln, die so lang
wie Degen waren. Als
Nächstes einen Sack
voll ausgekämmter Haare
der Königin und einen
goldenen Ring, den sie
vom kleinen Finger gezogen
und mir wie ein Halsband über den Kopf ge-
schoben hatte. Zuletzt zeigte ich dem staunen-
den Kapitän den Backenzahn
eines Dieners. Er war ungefähr dreißig Zentimeter lang
und zehn Zentimeter dick.
Der Kapitän betrachte den
Zahn lange, schüttelte immer
wieder den Kopf und murmelte: „Dass es so
etwas gibt, hätte ich nicht für möglich gehalten."

Nun war er überzeugt, dass ich die Wahrheit gesagt hatte, und entschuldigte sich für sein Misstrauen.

Am 3. Juni 1706 erreichten wir die englische Küste. Zum Abschied schenkte ich dem Kapitän den Zahn als Andenken an mich. Er bedankte sich und lieh mir Geld, damit ich mir ein Pferd mieten und nach Hause reiten konnte. Als ich zu Hause ankam und meine Lieben sah, schienen sie mir recht klein zu sein. Ich war so sehr an alles Riesenhafte in Brobdingnag gewöhnt, dass ich einige Zeit brauchte, bis ich in meiner Heimat wieder zurechtkam. Dann lebte ich mit meiner Familie und meinen Freunden, war glücklich und zufrieden. Meine Frau wünschte sich mehr als alles auf der Welt, dass ich nie wieder zur See fahren würde. Doch das konnte ich ihr beim besten Willen nicht versprechen.